DUDEN
Schülerhilfen
Lesespiele

DUDEN
Schülerhilfen

DEUTSCH

Aufsatz 1
(2. und 3. Schuljahr)

Aufsatz 2
(3. und 4. Schuljahr)

Schreibspiele
(ab 3. Schuljahr)

Lesespiele
(ab 3. Schuljahr)

Rechtschreibung 1
(2. und 3. Schuljahr)

Rechtschreibung 2
(3. und 4. Schuljahr)

Rechtschreibung 3
(4. und 5. Schuljahr)

Grundwortschatz
(3. und 4. Schuljahr)

Schön schreiben und gestalten
(für die Grundschule)

Grammatik
(4. und 5. Schuljahr)

MATHEMATIK

Grundrechenarten 1
(ab 2. Schuljahr)

Grundrechenarten 2
(ab 3. Schuljahr)

Größen und Maße
(ab 4. Schuljahr)

Rechenspiele
(ab 5. Schuljahr)

Gleichungen und Ungleichungen 1
(5. und 6. Schuljahr)

Rechenbäume – Terme – Texte
(5. und 6. Schuljahr)

Flächen und ihre Berechnung I
(5. bis 8. Schuljahr)

Körper und ihre Berechnung I
(5. bis 8. Schuljahr)

Dezimalbrüche
(6. Schuljahr)

Teiler und Vielfache
(6. Schuljahr)

Brüche
(6. und 7. Schuljahr)

Dreisatz und Prozente
(6. bis 8. Schuljahr)

Aufbau des Zahlensystems, vollständige Induktion
(ab 7. Schuljahr)

Gleichungen und Ungleichungen 2
(7. und 8. Schuljahr)

Bruchgleichungen und Bruchungleichungen
(8. Schuljahr)

Textgleichungen 1
(8. Schuljahr)

Gleichungen mit zwei Unbekannten
(8. und 9. Schuljahr)

Textgleichungen 2
(9. Schuljahr)

Quadratische Gleichungen und Ungleichungen
(9. Schuljahr)

Flächen und ihre Berechnung II
(9. und 10. Schuljahr)

Körper und ihre Berechnung II
(9. und 10. Schuljahr)

Trigonometrie
(10. Schuljahr)

Weitere Bände sind in Vorbereitung

DUDEN
Schülerhilfen

Lesespiele

59 Lesespiele für Kinder
ab dem 3. Schuljahr

von Hans Gärtner
Gestaltung und Illustrationen
von Hans Ibelshäuser und Doris Rübel

DUDENVERLAG
Mannheim · Leipzig · Wien · Zürich

CIP-Kurztitelaufnahme der Deutschen Bibliothek
Duden-Schülerhilfen
Mannheim; Wien; Zürich: Bibliographisches Institut
Deutsch. Lesespiele / von Hans Gärtner.
59 Lesespiele für Kinder ab dem 3. Schuljahr. – 1986.
ISBN 3-411-02607-3
NE: Gärtner, Hans (Mitverf.)

Das Wort DUDEN ist für
Bücher aller Art für den Verlag
Bibliographisches Institut & F. A. Brockhaus AG
als Warenzeichen geschützt.

Alle Rechte vorbehalten. Nachdruck, auch auszugsweise, verboten.
© Bibliographisches Institut, Mannheim 1986, 1994
Druck: Zechnerische Buchdruckerei, Speyer
Bindung: Progressdruck GmbH, Speyer
Printed in Germany
ISBN 3-411-02607-3

Inhaltsverzeichnis

Lustig zu lesen	8
Ist Lesen ein Kinderspiel?	10
Lesen – aber was?	12
Ganz, ganz viele Lesespiele	13
Das soll einer lesen können?	14
Und wer liest das?	15
Wo gibt's denn so was?	16
Was paßt zu „Haus"?	17
Mach dir einen Reim darauf!	18
Alles magenfreundlich?	20
Vorwärts lesen – rückwärts lesen	21
Das ist das Haus vom Nikolaus	22
Auf Ende und Anfang kommt's an	24
Das wünscht sich Berti	25
Was ist in Rom?	26
Zum Nachmalen	27
Eiersegen	28
Körperertüchtigung	30
Kinder, die Verstecken spielen	31
Der neue Hund	32
Heraus aus dem Versteck!	33
Wortschlangenbeschwörung	34
Etwas für kleine Tanzratten	35
„Stellen" oder „stellen"?	36

Inhaltsverzeichnis

„Fallen" oder „fallen"?	37
Schrump	38
Blühender Unsinn	39
Mach's leserlich!	40
Bediene dich!	41
Was gibt es heute Gutes?	42
Prima Ochsenaugen	43
Alles in einer Pralinenschachtel	44
Vier Bilder – drei Wörter	45
Es war einmal 'ne Frau ...	46
Es war einmal ein Mann ...	47
Was sind das für Sachen?	48
Auf das Glatteis geführt	49
Jeder falsche Hund	50
Stimmt das alles? Prüfe nach!	52
Kraut und Rüben – durcheinander	53
Wer trifft sich da in welcher Stadt?	54
Redensarten – wörtlich genommen	56
Sprüche im Rösselsprung	57
Beruferaten – weiblich	58
Beruferaten – männlich	59
Womit ist das zu füllen?	60
Ich will dir's nicht verhüllen	61
Zweimal steckt's in einem drin	62
Gefüllte Kalbsbrust	63

Inhaltsverzeichnis

Zauberei mit Zweiwortsätzen	64
Viechereien – allerhand	66
Tolle Kinder!	67
Hintereinanderweglesen!	68
Kissenschlachtnacht	69
Zum Scherz gefragt	70
Zum Scherz geantwortet	71
Was sind das für Leute?	72
Magische Quadrate – auch zum Selbermachen	74
Launische Zwillinge	76
Was ist, wenn ...?	77
Verkettete Silben	78
Alles bekannte Sachen!	79
Guten Appetit!	80
Lösungshilfen	81
Büchertips für Lesenarren	88
Was alles sein kann, wenn du liest	96

Lustig zu lesen

DIESES LESEBUCH IST VON **A** BIS **Z** FÜR VIELES GUT:
DU KANNST ES **A**NLESEN,
   ES MACHT DICH **B**ELESEN,
EIGNET SICH AUCH FÜR **C**LOWNS ZUM **D**URCHLESEN
         ODER ZUM **E**INLESEN,
DU WIRST DICH VIELLEICHT DARIN **F**ESTLESEN,
HAST DIES UND DAS SCHON MAL **G**ELESEN,
   KANNST DARIN **H**IN UND HER LESEN,
      VIELES **I**MMER WIEDER LESEN,
DAS EINE **J**AUCHZEND, DAS ANDERE **K**ICHERND,
   DAS MEISTE **L**EICHT LESEN,
    DU KANNST ANDERE **M**ITLESEN LASSEN,
   SELBER MANCHES **N**ACHLESEN,
WIRST EINIGES **O**FT,   ANDERES **P**LANMÄSSIG,
   WENIGES **Q**UERLESEN,
KANNST LUSTIGE STELLEN **R**AUSLESEN,
       STILL LESEN,
     DICH **T**OTLESEN,
MÖCHTEST WOMÖGLICH DAS EINE ODER ANDERE **U**NGELESEN LASSEN,
SOLLTEST ANDEREN DARAUS **V**ORLESEN,
    NIE AUFHÖREN, **W**EITERZULESEN,
DENN DIESES LESEBUCH TAUGT FÜR **X** LESESTUNDEN
UND FÜR ALLE KINDER, DIE **Y**VONNE, TOM, VRONI ODER
SONSTWIE HEISSEN MÖGEN, UND WENN'S DIR SPASS MACHT,
KANNST DU DAS GANZE LESEBUCH AUCH **Z**ERLESEN.
   SEI'S WIE'S SEI:
   WAS DARIN STEHT, IST
lustig zu lesen

Ist Lesen...

Eine lange Einkaufsliste hat Martina mitbekommen. Fischstäbchen muß sie kaufen, eine Pizza, Waschpulver und noch andere Sachen.

Schau, was sie alles gekauft hat und noch kaufen könnte!

Was Martina alles wissen und können muß, wenn sie einkauft! Sie muß den Weg zum Supermarkt kennen, sich darin zurechtfinden, sich mit Zahlen und Preisen auskennen.

Und was noch?

Vor allem muß Martina eines können, lesen:
   die Wegweiser, die Hinweisschilder, die Warenaufschriften, die Sonderangebote, die Werbesprüche, die Preise, Zahlen, Zeichen, Ziffern.

Martina muß genau lesen. Sie sollte rasch lesen. Sie sollte lesen, was wichtig ist. Vor lauter Wörtern und Bildern im Supermarkt schwirrt Martina manchmal der Kopf.

„Beim Einkaufen", sagt Martina, „ist Lesen richtig anstrengend.

Wirklich? Nur beim Einkaufen?

Und dabei heißt es immer: Lesen ist ein Kinderspiel ...!"

Findest du nicht auch lustige Lesesachen?

... ein Kinderspiel?

Lesen – aber was?

Ganz, ganz viele Lesespiele

Das soll einer lesen können?

Und wer liest das?

Wo gibt's denn so was?

SUPPENSCHLÜSSEL
WALLFAHRTSKIRSCHE
FELDERBÄLLE
TRAUBENSCHLAG
TIERPOLSTER
STRECKNADELN
SAUBERRAHM
SCHLÄFERHUND
KUCKUCKSEIS
AUTORRENNBAHN
LEISENLERNEN
TELEFONBRUCH
GRASFLASCHE
REGENSCHLAUER
BRAUCHFLEISCH
DICKKNOPF

In jedem Wort ist ein Buchstabe zuviel.

Mach dir...

Jedes Bildchen sollst du zuerst benennen!

... einen Reim darauf!

Bringst du zusammen, was sich reimt?

Alles magenfreundlich?

S	T	A	R		B		M	U	L	D	E
	K	O	P	F	S	A	L	A	T		I
	M			A	N	A	N	A	S		S
	R	A	D		A		D		A		
	T	E	E		N		A	C	H	T	
	E	R	D	B	E	E	R	E	N		
A	N			R	N		I		E	R	
	N			E			N	O	T	E	
	H	O	N	I	G	M	E	L	O	N	E
G		U				O			R		B
R	E	G	E	N	P	F	U	E	T	Z	E
O		A				A			L	E	E	R
B	U	T	T	E	R				F		H

Wer findet hier was eßbar ist?

Vorwärts lesen – rückwärts lesen

Das ist das Haus...

... vom Nikolaus

S ... und wenn er auch die Wahrheit spricht.

U Hunger ist der beste Koch.

L Laßt uns froh und munter sein.

O Am Abend wird der Faule fleißig.

P Das wünsch' ich dir von Herzen.

W Hast du was, so bist du was.

H An einem Tag wie diesem heut' ...

N Wer das nicht kann, kommt nicht voran.

R Jeder ist seines eignen Glückes Schmied.

A Viel Glück, mach's gut, auf Wiedersehn!

Vier von diesen Sprüchen lassen sich gut beim Zeichnen des Ni-ko-laus-Hauses als Begleitung sprechen. — Richtig geordnet, ergeben die Buchstaben vor den richtigen Sprüchen einen Jungennamen.

Auf EndE und Anfang kommt's an

1
ROSE
EIS
SALZ
ZOO
2
BEIN
NIE
EINS
SAU
UFER
ROM
MIST
OLGA
ARM
MEHL
LOTT
TEE
TAL
LOS

3
REH
NEU
FARN
KNIE
HOF
ULK

4
KAI
ACH
GRAS
IRMA
SENF
HANG

Rose hat vorne ein R und hinten ein H!

Mit den Wörtern REH und KAI kannst du weitermachen.

Das wünscht sich Berti

Ein Schw1zünglein
mit 2 Knödeln dabei
un3chlich Rahmsoße.

Ein Schifferkla4stück
mit 5 Strophen,
wenn's geht im 6achteltakt.

Ein Sand7dlich
mit 8hundert Löchern,
9agelneu soll es sein.

Das wünsche ich mir zum
10ten Geburtstag!

Und was wünschst du dir zum nächsten Geburtstag? Gewiß auch zahl'reiche Sachen.

Was ist in Rom?

Zum Nachmalen

Damit kannst du dir selbst Bildwortpyramiden bauen.

Eiertagen

Eiersegen

Bei seiner zweiten Hochzeitsfeier
verspeiste Meinolf Scheibelmeier
wohl an die dreiunddreißig Eier.
Sein Eheweib, Reinhilde Pseier
(geheißen so noch vor der Feier),
saß weinend da im weißen Schleier.
„Wie soll das, Meinolf Scheibelmeier,
denn weitergehen nach der Feier?"
„Ei, Reinchen, laß doch dein Geleier!"
meint' leise Meinolf Scheibelmeier.
„Weißt du denn nicht,
daß dein Herr Freier
Einzelreisender ist – für Eier?"

Körperertüchtigung

Stell dich mal auf den Kopf,
Die Beine hoch, du Tropf!
Das linke erst,
Das rechte dann,
Lach nicht, du kriegst 'nen Kropf!

Die Arme streck nach beiden Seiten,
Die Beine nun zur Grätsche weiten!
Das linke erst,
Das rechte dann,
Sag bloß, du schwitzt beizeiten!

Beug jetzt den Rumpf nach vorne ganz,
Die Beine in die Höhe. Kannst's?
Das linke erst,
Das rechte dann,
Wer's kann, zieh so 'ne Kuh beim Schwanz!

Mach's doch nach! Es ist kinderleicht.

Der neue Hund

Schuld an allem war Wölfles neuer Hund. Er tapste in die Küche. Evi erschrak. Eine Unverschämtheit! Das Tier packte, dreist wie es war, das neue Leinsamensieb. Entzwei war's im Nu. Da krachte es plötzlich. Die Kiste mit dem Geschirr! Neu, nagelneu war die Kaffeekanne. Sie zerbrach in tausend Scherben. Der Hund machte keine Anstalten, seine tollen Späße zu beenden.
Wer konnte da helfen? Endlich, nach etwa fünf Minuten, kamen Franz Wölfle und Hans Echsner, der Nachbarjunge, herein. „Seht euch die Bescherung an!" heulte Evi verzweifelt. „Zehn Minuten wart ihr weg – und schon dieses Theater!"

18 Zahlen stecken in dieser Geschichte (in Wörtern natürlich), vier davon sogar zweimal.

Wortschlangenbeschwörung

Etwas für kleine Tanzratten

Rechts sollen ähnliche Wörter stehen wie links. Nur ein Buchstabe unterscheidet sie. Setzt du ihn jedesmal richtig ein, liest du von oben nach unten etwas für kleine Tanzratten!

SINGEN	SIN.EN
WANKEN	W.NKEN
WERDEN	WE.DEN
WINKEN	WIN.EN
STICKEN	ST.CKEN
ZEHREN	ZE.REN
TRAGEN	TRA.EN
TURNEN	T.RNEN
FÜHLEN	FÜ.LEN
HALTEN	HAL.EN
RINNEN	R.NNEN
FALLEN	FAL.EN
LEIDEN	LEI.EN

„Stellen" oder „stellen"?

ABSTELLEN
BEISTELLEN
CLOWNVERMITTLUNGSSTELLEN
DRAUFSTELLEN
EINSTELLEN
FEUERSTELLEN
GERADESTELLEN
HINSTELLEN
INEINANDERSTELLEN
JUGENDAMTSSTELLEN
KALTSTELLEN
LEHRSTELLEN
MILITÄRDIENSTSTELLEN
NIEDERSTELLEN
OMNIBUSHALTESTELLEN
PRÜFSTELLEN
QUERSTELLEN
REINSTELLEN
SICHERSTELLEN
TOTSTELLEN
UMSTELLEN
VORSTELLEN
WARMSTELLEN
XEROGRAPHIESTELLEN
YACHTANLEGESTELLEN
ZAHLSTELLEN

Du kennst sicher noch andere Wörter mit „Stellen" und „stellen"!

„Fallen" oder „fallen"?

AUFFALLEN
BEFALLEN
CHINCHILLAFALLEN
DURCHFALLEN
EINFALLEN
FREIFALLEN
GITTERFALLEN
HINFALLEN
ILTISFALLEN
JAGDFALLEN
KANINCHENFALLEN
LÖWENFALLEN
MAUSEFALLEN
NIEDERFALLEN
OTTERFALLEN
PUMAFALLEN
QUIZFALLEN
REINFALLEN
SCHNAPPFALLEN
TIGERFALLEN
UMFALLEN
VORFALLEN
WEGFALLEN
X FALLEN
YAKFALLEN
ZERFALLEN

Schrump

Es war einmal ein SCHRUMP. Der saß im SCHRUMP und SCHRUMPte. Er SCHRUMPte den ganzen langen SCHRUMP. Das war ein GeSCHRUMPe. Wer konnte das auf die Dauer erSCHRUMPen?!
Der SCHRUMP SCHRUMPte: „Ich armer kleiner SCHRUMP, den ganzen langen SCHRUMP muß ich SCHRUMPen, und keiner SCHRUMPt mich."
Da trug es sich zu, daß ein SCHRUMP des Weges kam, der den SCHRUMP SCHRUMPen hörte.
„Herrjemine, was SCHRUMPen Sie denn da?" fragte der SCHRUMP den SCHRUMP. Der SCHRUMP antwortete: „Komm SCHRUMP, und setze dich zu mir! Es ist jämmerlich, so allein dahinzuSCHRUMPen. SCHRUMP mit, dann SCHRUMPt sich's leichter!"
Und wenn sie nicht geSCHRUMPT sind, dann SCHRUMPen sie noch bis auf den heutigen Tag.

Blühender Unsinn

Mach's leserlich!

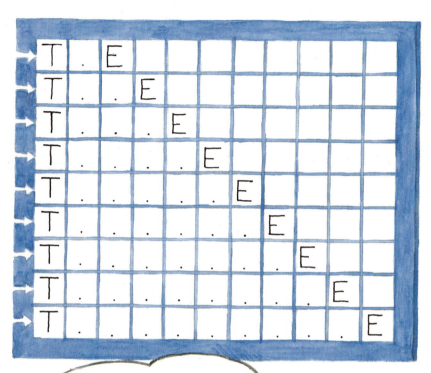

In das Gitter passen lauter Wörter, die mit T beginnen und mit E enden. Wenn du die Bilder in den Rahmen auf der gegenüberliegenden Seite treffend benennst, findest du alle Wörter.

Rate mal, was hier verschüttet wurde!

Bediene dich!

Was gibt es heute Gutes?

TE EMITZ ITRO NEUN DHO NIG
EI SMI THEIS SENHIMBE EREN
SAL ATMI TES SIGUN DÖL
CRE METOR TEMI TEISCH NEE
KAR TOFFE LSUP PEMI TEI
NEG ERKÜS SEMI TLU FT

GUT ENAP PET IT!

> Geübte (Speisekarten-)
> Leser kann das nicht
> in Verlegenheit bringen.

Prima Ochsenaugen

Nimm zwei Eier, schlag sie auf,
Streu ein bißchen Zimt darauf!
Hefe, Zucker, Salz und Fett,
Etwas Essig – sei so nett!
Quirle Butterflöckchen ein,
Gib ein wenig Mehl auch drein!
Haselnüsse nicht vergessen!
So wird das ein leck'res Essen.
Denk an Pilze, Sirup, Speck,
Marmelade – sei so keck!
Fleischtomaten, dicke Scheiben –
Niemand wird vom Tisch wegbleiben.
Alle spachteln, schlürfen, saugen
Deine prima Ochsenaugen.

An Stelle der hier genannten kannst du andere Zutaten verwenden und so noch bessere Spiegeleier braten!

Alles in einer Pralinenschachtel

Vier Bilder – drei Wörter

Es war einmal 'ne Frau...

Es war einmal 'ne Frau,
die hatte eine Sau.
Die Sau war ihr zu dick,
da nahm sie einen Strick.
Der Strick war ihr zu lang,
da fing sie eine Schlang'.
Die Schlang' war ihr zuwider,
da zog sie an ein Mieder,
Das Mieder war zu klein,
da trank sie kühlen Wein.
Der Wein war ihr zu sauer,
da holt' sie sich 'nen Bauer.
Der Bau'r war ihr zu mager,
da legt' sie sich aufs Lager.
Am Lager schlief sie ein
und träumte:

Es war einmal 'ne Frau,
die hatte eine Sau...

Wer kann weiter dichten?

Es war einmal ein Mann...

Es war einmal ein Mann,
der hatte einen Kahn.
Der Kahn war ihm zu groß,
da kauft' er sich ein Floß.
Am Floß war's ihm zu frisch,
da fing er sich 'nen Fisch.
Der Fisch war ihm zu naß,
da setzt' er sich ins Faß.
Im Faß wurd's ihm zu bunt,
da pfiff er seinem Hund.
Der Hund war ihm zu klein,
da wollte er ein Schwein.
Das Schwein war ihm zu fett,
da legt' er sich ins Bett.
Im Bette schlief er ein
und träumte:

Es war einmal ein Mann,
der hatte einen Kahn...

Wer kann weiter dichten?

Was sind das für Sachen?

Auf das Glatt  geführt

Der tropft und tropft.

Schlag den in die Wand!

Sie kommt spät vom nach Hause.

Die rote steht dir gut.

Kein Festzug ohne Musik !

Diese paßt nicht zur Schraube.

Mühsam, über das zu gehen!

Spann den auf, es regnet!

Es steht eine  am rauschenden Bach...

Stimmt das alles? Prüfe nach!

Mit Buchstaben und Wörtern kannst du sogar rechnen. Hier mußt du ein Bildwort (z. B. „Ring") von einem geschriebenen Wort abziehen.

KRINGLEIN −  = KLEIN

PASTOREN − = POREN

Achtung! Nicht jedes Ergebnis stimmt!

REISEN −  = REN

SCHACHTEL − 8 = SCHELM

KNOPFAUGEN −  = KNOTEN

KLAMMERN − = KERN

Wer trifft sich da...

... in welcher Stadt?

Redensarten – wörtlich genommen

Sagt das Pendel zur Uhr:

„Ich hänge ja so sehr an dir!"

Sagt das Blatt Papier zum Locher:

„Du löcherst mich ganz schön!"

Sagt das Kinn zum Unterarm:

„Du bist meine einzige Stütze!"

Sagt die Büroklammer zu zwei Zetteln:

„Ich klammere mich fest an euch!"

Sagt die Flasche zum Himbeersaft:

„Du stehst mir bis zum Halse!"

Denk mal nach: Wer redet in Wirklichkeit so daher? Zu jeder Redensart kannst du dir Geschichten ausdenken.

Sprüche im Rösselsprung

WER	FÄLLT	BE	HIN
GRU	EIN	AN	SELBST
DERN	NE	EI	GRÄBT

meinst	ein	mehr	ir	geht	von
gend	kommt	es	du	Licht	Im
mer	wo	wenn	her	nicht	lein

Mit den Wörtern im roten Feld beginnst du, Silbe für Silbe zu lesen.

WENN	HEIT	UND	EIN
LÜGT	WAHR	MAL	ER
AUCH	WER	DEM	SPRICHT
GLAUBT	DIE	NICHT	MAN

Beruferaten – weiblich

~~Z~~   ~~HA~~   ~~N~~   ~~N~~

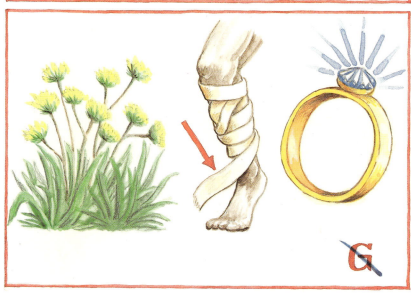

~~G~~

Welche Berufe haben die beiden Damen, von denen hier die Rede ist?

Beruferaten – männlich

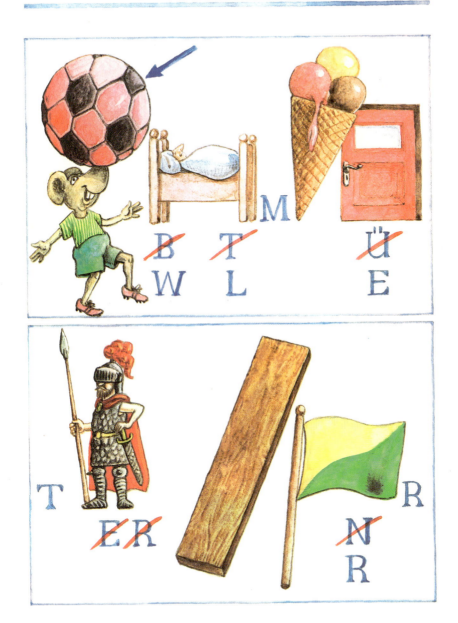

Welche „Berufe" haben die beiden Herren, von denen hier die Rede ist?

Womit ist das zu füllen?

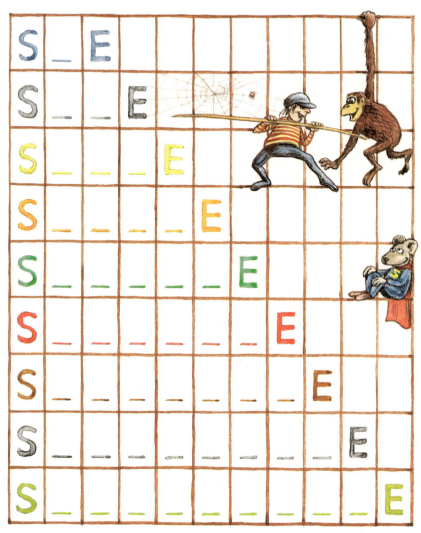

Neun S-Wörter sind gesucht, die mit E enden. Schau nach rechts!

Ich will dir's nicht verhüllen

Zweimal steckt's in einem drin

PLASTIKKASTEN
MEISTERLEISTUNG
HUTSCHUTZ
PASTORENTORTE
SCHROTBROT
KLOSTERSCHLOSS

Die Bildnamen – alle mit drei Buchstaben – sind jeweils zweimal in einem Wort enthalten. Nur finden muß man sie.

Gefüllte Kalbsbrust

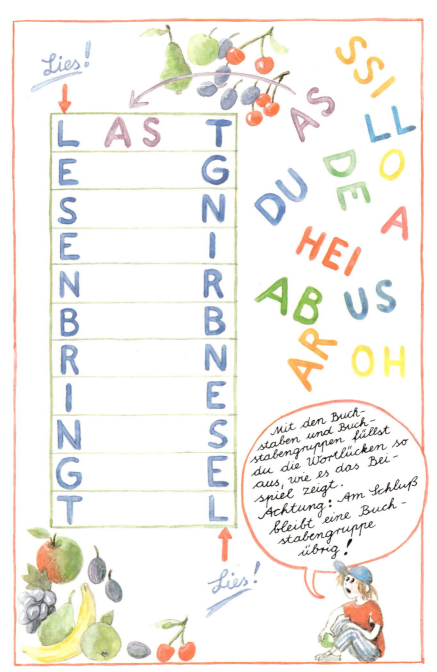

Zauberei ...

Ich lese.
Ich lese meistens.
Ich lese meistens vor.
Ich lese meistens vor Begeisterung.
Ich lese meistens vor Begeisterung Comics.

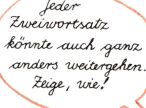

Schau, wie Zweiwortsätze sich verändern, wenn nach und nach ein Wort hinzugefügt wird.

Ich trete.
Ich trete gerne.
Ich trete gerne ab.
Ich trete gerne ab und zu.
Ich trete gerne ab und zu auf.

Ich schneide.
Ich schneide oft.
Ich schneide oft auf.
Ich schneide oft auf Brettchen.
Ich schneide oft auf Brettchen Schnittlauch.

Jeder Zweiwortsatz könnte auch ganz anders weitergehen. Zeige, wie!

Ich fahre.
Ich fahre selten.
Ich fahre selten aus.
Ich fahre selten aus meiner Haut.
Ich fahre selten aus meiner Haut heraus.

... mit Zweiwortsätzen

Ich koche.
Ich koche immer.
Ich koche immer ein.
Ich koche immer ein bißchen.
Ich koche immer ein bißchen mehr.

Ich sehe.
Ich sehe kaum.
Ich sehe kaum zu.
Ich sehe kaum zu Mittag.
Ich sehe kaum zu Mittag fern.

Ich bleibe.
Ich bleibe nie.
Ich bleibe nie lange.
Ich bleibe nie lange auf.
Ich bleibe nie lange auf einem Trampolin.

Ich esse.
Ich esse mehrmals.
Ich esse mehrmals täglich.
Ich esse mehrmals täglich etwas.
Ich esse mehrmals täglich etwas Obst.

Viechereien – allerhand

ELE DILE
KROKO FANTEN
STACHEL FINKEN
DISTEL SCHWEINE
KREUZ KATZEN
WILD SCHNÄBEL
PAPA DOGGEN
BULL GEIEN
DROME MÄUSE
FLEDER DARE
EIS PINSCHER
ZWERG BÄREN
AUER HÄHER
EICHEL OCHSEN

Lies möglichst schnell, wie's richtig ist.

Tolle Kinder!

Der Lehrer, meinst du, der kann nise?
Getäuscht! Im Fragen ist er fixe!

Kissenschl8n8

Seid s8
bei der Kissenschl8
um Mittern8!

Gebt 8,
daß keiner l8,
daß nichts zerkr8,
daß niemand erw8!

Ihr spr8
mit Bed8?
Gut gem8!

Sonst setzt's eine Tr8
nach der Kissenschl8n8.

Acht weitere Wörter mit 8! Wer sagt sie schnell?

Zum Scherz gefragt

1 Mit welchen Augen sieht man nichts?

2 Wie viele Bohnen gehen in einen Topf?

3 Welcher Vogel ist dem Storch am ähnlichsten?

4 Was ist mitten in Ulm?

5 Was geht durchs Feuer und zerbricht nicht?

Die Antworten findest du auf der gegenüberliegenden Seite.

6 Wer ist geschickt?

7 Welcher Rat ist der beste?

8 Wer hat es bequemer: der Kaffee oder der Tee?

Zum Scherz geantwortet

a Die Sonnenstrahlen.

Welche Antwort paßt auf welche Frage der gegenüberliegenden Seite?

b Der Vorrat.

c Ein „I".

d Die Störchin.

e Keine. Man muß sie hineinschütten.

f Der Bote.

g Der Kaffee; denn er darf sich setzen. Der Tee aber muß ziehen.

h Mit den Hühneraugen.

Was sind das für Leute?

Magische Quadrate

„Magisch" – das bedeutet: zauberhaft, und ein „Quadrat" ist ein Viereck mit vier ganz genau gleich langen Seiten.
Ein „magisches Quadrat" ist in acht ganz genau gleich große kleinere Quadrate unterteilt. In diese „Kästchen" sind vier Wörter so einzutragen, daß sie sowohl waagerecht (→) als auch senkrecht (↓) gleichbleiben.
Toll, was?
Hier vier Beispiele für „magische Quadrate":

	1	2	3	4
1	A	M	E	N
2	M	O	D	E
3	E	D	E	R
4	N	E	R	Z

	1	2	3	4
1	F	A	L	L
2	A	R	I	E
3	L	I	E	D
4	L	E	D	A

	1	2	3	4
1	L	E	I	B
2	E	S	S	E
3	I	S	A	R
4	B	E	R	G

	1	2	3	4
1	P	O	S	T
2	O	R	T	E
3	S	T	U	R
4	T	E	R	Z

Wer nicht weiß, was das eine oder andere Wort bedeutet, kann in einem Wörterbuch oder Lexikon nachschlagen!

– auch zum Selbermachen

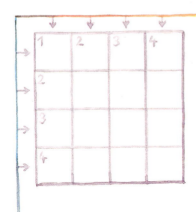

In das leere „magische Quadrat" können Wörter folgender Bedeutung eingetragen werden:

Du kannst das Gitter auch mehrmals durchziehn.

① 1 Die „Königin" der Blumen wird sie genannt.
2 Ein Fluß ist es, aber auch ein Verbindungswort.
3 In ihnen baden die Kinder gern im Sommer.
4 Ein Mädchen kann so heißen.

② 1 Beim Bau wird dieser Lastenheber gebraucht.
2 Die Germanen kannten sie als Schriftzeichen.
3 Mutter braucht das Gewürz zum Backen.
4 Diese Wohnung bauen sich die Vögel selbst.

③ 1 Auf einem schmalen zu wandern ist nicht leicht.
2 Sie gehört zum Weinstock dazu.
3 Sein Bruder hieß Kain.
4 Die Schweizer feiern ihn heute noch als Helden.

Hier sind jeweils 4 Wörter für ein „magisches Quadrat" vorgegeben. Wie aber sind sie einzutragen?
① ADER ERDE GELD SAGE
② ISAR KILO LAST ORTE

Launische Zwillinge

Die Zwillinge fahren.
Die Zwillinge fahren lieber.
Die Zwillinge fahren lieber ab.
Die Zwillinge fahren lieber ab und zu.
Die Zwillinge fahren lieber ab und zu aus.
Die Zwillinge fahren lieber ab und zu aus lauter Freude.
Die Zwillinge fahren lieber ab und zu aus lauter Freude aus.
Die Zwillinge fahren lieber ab und zu aus lauter Freude aus der Haut.

Wer macht mit? Gemeint ist: Wer macht mit den Wörtern "rechnen", "ziehen", "schreiben" ähnliche Bandwurmsätze? (Nachschauen auf den Seiten 64 und 65 gilt!)

Die Zwillinge kommen.
Die Zwillinge kommen gerne.
Die Zwillinge kommen gerne hin.
Die Zwillinge kommen gerne hin und wieder.
Die Zwillinge kommen gerne hin und wieder vor.
Die Zwillinge kommen gerne hin und wieder vor Begeisterung.
Die Zwillinge kommen gerne hin und wieder vor Begeisterung vor.
Die Zwillinge kommen gerne hin und wieder vor Begeisterung vor das Haus.

Was ist, wenn ...?

Was ist, wenn [🐛🐛] [🐛🐛🐛 🐛] ?

Wenn [🐛🐛 🐛], dann [🐛] [🐛]

Was ist, wenn [🪥] [🪥] ?

Wenn [🪥] [🪥], dann [🪥] [🪥]

Was ist, wenn [🚂] [🚂] ?

Wenn [🚂] [🚂], dann [🚂] [🚂]

Was ist, wenn [🦭] [🦭] ?

Wenn [🦭] [🦭], dann [🦭] [🦭]

Schreib diese Sätze doch mal auf! Da mußt du beim Groß- und Kleinschreiben ganz besonders achtgeben.

77

Verkettete Silben

Alles bekannte Sachen!

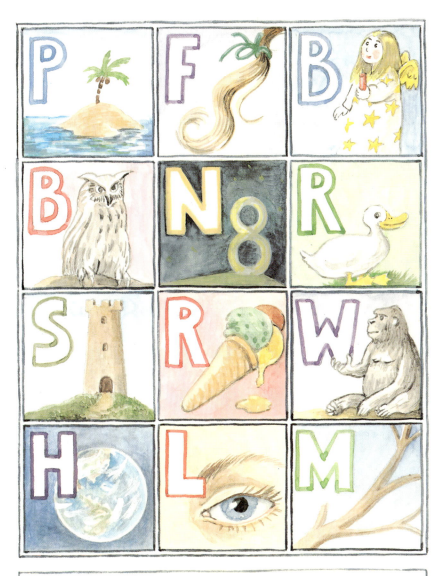

Buchstabe und Bild zusammen gelesen, ergeben bekannte Sachen. Wer versucht's mal mit Bild und Buchstabe, also zum Beispiel: 1 t oder: S usw.?

Lösungshilfen

Seite 14

Anna Schreck, die alte Schreckschraube, sah in den Spiegel. „Schrecklich, wie ich aussehe", rief sie vor Schreck. Da soll einer nicht erschrecken! Ein richtiger Kinderschreck, die Anna Schreck!

Seite 15

LA (Ella), LB (Elbe), ZL (Zettel), NT (Ente), RB (Erbe), RD (Erde), SP (Espe, ein Laubbaum), JA (Jota, ein griechischer Buchstabe), SL (Esel), C (Zeh), UW (Uwe), ID (Idee), KP (Kappe), ND (Ende), AH! (aha!).

Seite 16

Von oben nach unten entnimm den Wörtern die Buchstaben
L (SUPPENSCHÜSSEL),
S (WALLFAHRTSKIRCHE),
L (FEDERBÄLLE),
R (TAUBENSCHLAG),
L (TIERPOSTER),
R (STECKNADELN),
B (SAUERRAHM),
L (SCHÄFERHUND),
S (KUCKUCKSEI),
R (AUTORENNBAHN),
I (LESENLERNEN),
R (TELEFONBUCH),
R (GASFLASCHE),
L (REGENSCHAUER),
R (BAUCHFLEISCH),
N (DICKKOPF).

Seite 17

Nicht mit Haus zusammensetzen lassen sich: RETTICH, BLATT, KINDER, BROT (In manchen Gegenden gibt es aber ein „Hausbrot". Das bedeutet: ein hauseigenes Brot oder ein Brot, das in diesem [Gast]haus besonders angeboten wird und beliebt ist.), KLEE, ROST.

Seite 18

Diese Wörter reimen sich:
Rock – Stock, Berg – Zwerg, Kuh – Schuh, Tisch – Fisch, Maus – Haus, Tasche – Flasche, Zahn – Hahn, Rose – Hose, Zopf – Topf, Klee – Tee, Eis – Mais, Vier – Bier, Sahne – Fahne, Spiegel – Igel, Kanne – Wanne, Hantel – Mantel.

Seite 20

Eßbares waagerecht:
KOPFSALAT, ANANAS, TEE, ERDBEEREN, HONIGMELONE, BUTTER.
Eßbares senkrecht:
TOMATEN, NOUGAT, BREI, BANANEN, MANDARINE, SAHNETORTE, EIS.

Seite 21

Diese Wörter kennst du vielleicht noch nicht: GAZELLE (eine Antilopenart, ein Huftier),

6 Lesespiele

Lösungshilfen

ZAGEN (zögern, mutlos sein), EGEL (Blutegel, ein Ringelwurm), EDER (Nebenfluß der Fulda), EDAM (Stadt in den Niederlanden; „Edamer Käse").

Seite 22

Die Sprüche, die sich gut als „Begleitmusik" beim Ni-ko-laus-Haus-Zeichnen verwenden lassen sind:
S: ... und wenn er auch die Wahrheit spricht.
H: An einem Tag wie diesem heut' ...
N: Wer das nicht kann, kommt nicht voran.
A: Viel Glück, mach's gut, auf Wiedersehn!
Der Jungenname ist HANS.

Seite 24

So solltest du weitergemacht haben:
3 REH – HOF – FARN – NEU – ULK – KNIE
4 KAI – IRMA – ACH – HANG – GRAS – SENF

Seite 25

Ein Schwe<u>in</u>szünglein mit <u>zwei</u> Knödeln dabei und <u>drei</u>chlich Rahmsoße.
Ein Schifferkla<u>vier</u>stück mit <u>fünf</u> Strophen, wenn's geht im <u>Sechs</u>achteltakt.
Ein Sand<u>sieb en</u>dlich mit <u>acht</u>hundert Löchern, <u>neu, na</u>gelneu soll es sein.
Das wünsche ich mir zum <u>zehn</u>ten Geburtstag.

Seite 26

Wenn du die Anfangsbuchstaben der gemalten Gegenstände, angefangen bei der Spitze der Pyramide, zusammenliest, weißt du, was in Rom ist: O, IN ROM SIND VIELE GROSSE HAEUSER.

Seite 29

Es sind genau 66 Eier, doppelt so viele, wie Herr Scheibelmeier bei seiner Hochzeitsfeier verspeiste.

Seite 31

Das sind die Namen: Dora, Hermann, Asta, Vera, Uwe, Erika, Erich, Ernst, Anne, Roman, Artur, Inge, Hilde, Monika, Rainer, Ute, Berta, Ruth.

Seite 32

Hier sind die Zahlen (Zahlwörter) versteckt:

Lösungshilfen

... Hund. Er tapste ... (100), ... Evi erschrak ... (4), ... Eine Unverschämtheit ... (9), ... dreist ... (3), ... Leinsamensieb. Entzwei ... (1, 7, 2), ... krachte ... (8), Neu, nagelneu ... (9), ... tausend ... (1000), ... machte ... (8), ... helfen ... (11), ... fünf ... (5), ... Franz Wölfle ... (12), ... Hans Echsner ... (6), ... herein. „Seht ... (1), ... verzweifelt ... (2), „Zehn ... (10). Die Zahlen 1, 2, 8 und 9 kommen zweimal vor.

Seite 33

Die Bildnamen sind so versteckt:
ZIEH DICH AUS!
IST DIE KIRSCHE REIF?
DER WAR AUCH DABEI.
AM SONNTAG LASSEN WIR'S!
EIN BAU MIT HINDERNISSEN
NERO, SETZ DICH!

Seite 34

Das längste Wort ist:
BUNDESANGESTELLTEN-
KRANKENVERSICHERUNGS-
GESCHÄFTSSTELLENLEI-
TUNG.

Seite 35

Du solltest (von oben nach unten) die Buchstaben K, I, N, D, E, R, B, A, L, L, E, T, T (Kinderballett) eingesetzt haben.

Seite 36

Stellen (groß geschrieben) sind:
Clownvermittlungsstellen, Feuerstellen, Jugendamtsstellen, Lehrstellen, Militärdienststellen, Omnibushaltestellen, Prüfstellen, Xerographiestellen (Xerographie ist ein Verfahren zur Vervielfältigung von Gedrucktem), Yachtanlegestellen (Yacht oder Jacht ist ein reich ausgestattetes Sport- oder Vergnügungsschiff), Zahlstellen.

Seite 37

Fallen (groß geschrieben) sind: Chinchillafallen (Chinchilla ist ein Nagetier mit wertvollem Pelz), Gitterfallen, Iltisfallen (Iltis ist eine Marderart unserer Wälder), Jagdfallen, Kaninchenfallen, Löwenfallen, Mausefallen, Otterfallen, Pumafallen (Puma ist ein Berglöwe, eine Raubkatze), Quizfallen (Quiz ist ein Ratespiel), Schnappfallen, Tigerfallen, x Fallen (unbekannt viele

Lösungshilfen

Fallen), Yakfallen (Yak oder Jak ist ein Rind des asiatischen Hochgebirges).

Seite 39

In den Wörtern sind (von oben nach unten) zu ersetzen: E durch U (Kuckucksuhr), E durch A (Ananas), O durch E (Gehwege), U durch A (Handapparat), A durch O (Rotkohl), I durch U (Luxusbus), E durch A (Kanadafahrt), A durch O (Vorwort), O durch E (Gerstenmehl), I durch A (Abraham), I durch E (Federbett), A durch E (Meereswellen), U durch E (Legehennen). Mississippi ist richtig geschrieben.

Seite 40

Die Wörter (von oben nach unten) lauten: TEE, TUBE, TORTE, TRAUBE, TERRINE, TROMPETE, TOPFBLUME, TURNSCHUHE, TURTELTAUBE.

Seite 42

Die erste Zeile lautet richtig: TEE MIT ZITRONE UND HONIG. Wie es weitergeht, weißt du selbst.

Seite 44

Dies alles steckt in der Pralinenschachtel: ENTE, RINNE, ESEL, ANNA, RACHE, NEST, SCHACH, PECH, RINNSAL, LIESE, PINSEL, PRACHT, LINEAL, SCHAL.

Seite 45

Das sind die zusammengesetzten Wörter der Reihe nach:
Dachstuhl – Stuhlbein – Beinschiene
Milcheis – Eisvogel – Vogelkäfig
Bienenhaus – Haustür – Türschlüssel
Fingerhut – Hutfeder – Federball

Seite 48

Folgende Sachen sind hier dargestellt:
Baumkrone, Taschenlampe, Hausmaus, Holzwurm, Blumentopf, Sonnenbrille.

Seite 50

Die Sätze lauten richtig: Jeder falsche Hundertmarkschein ist sofort einzuziehen. – Hochgewachsen, kräftig, dieser Baumeister, nicht

Lösungshilfen

wahr? – Diesem Kind geht die Sauberkeit völlig ab. – Ganze Fässer voll weinte Frau Krämer, als ihr Vogel starb.

Seite 52
Zwei Ergebnisse sind falsch: SCHELM und KNOTEN.

Seite 53
Das erste Beispiel, in Ordnung gebracht, ist: ROSENKOHL – RUNKELRÜBEN. Weiter findest du dich bestimmt selbst zurecht.

Seite 54
Es treffen sich (jeweils von oben nach unten gelesen) Bettina, Angelika, Carmen, Sebastian, Markus, Bärbel, Rosemarie, Walter, Edmund, und Liesel in den Städten Aschaffenburg, Saarbrücken, Dortmund, Schwanewede, Geislingen, Landshut, Biberach, Helmstedt, Taufkirchen und Kassel. „Dohrris" ist falsch, richtig heißt es: Doris.

Seite 57
Die Sprüche lauten: „Wer andern eine Grube gräbt, fällt selbst hinein." – „Immer, wenn du meinst, es geht nicht mehr, kommt von irgendwo ein Lichtlein her." – „Wer einmal lügt, dem glaubt man nicht, und wenn er auch die Wahrheit spricht."

Seite 58
Die Damen sind: KRANKENSCHWESTER und BLUMENBINDERIN.

Seite 59
Die Herren sind: FUSSBALLWELTMEISTER und TRITTBRETTFAHRER.

Seite 60
Die Wörter, mit denen das Gitter zu füllen ist und die auf der rechten Seite abgebildet sind, lauten (von oben nach unten): SEE, SÄGE, SONNE, STERNE, SEEROSE, SCHLEIFE, STEHLAMPE, STEINPILZE, SONNENBLUME.

Seite 62
In PLASTIKKASTEN steckt zweimal AST, in MEISTERLEISTUNG zweimal EIS, in HUTSCHUTZ zweimal HUT, in PASTORENTORTE zweimal TOR, in SCHROTBROT zweimal ROT

Lösungshilfen

und in KLOSTERSCHLOSS zweimal LOS.

Seite 63

Von oben nach unten (links) und von unten nach oben (rechts) ist der Satz „Lesen bringt Früchte" zu lesen. Die „Kalbsbrust" sieht „gefüllt" so aus: LAST – ESSIG – SOHN – ELLI – NARR – BOB – RHEIN – IDEE – NUSS – GABE – TAL. DU bleibt übrig.

Seite 66

Das erste Beispiel, in Ordnung gebracht, lautet:
ELEFANTEN – KROKODILE.
Weiter findest du dich bestimmt selbst zurecht.

Seite 67

In Wilhe<u>mines K</u>lasse,
da sitzen ein paar <u>Asse</u>!
Man st<u>aune</u>, ung<u>eheuer</u>:
Der <u>Armin</u>, der schluckt <u>Feuer</u>!
Der (<u>G</u>)<u>Abel</u>, wohl der kl<u>einste</u>,
kocht <u>Rosenkohl</u> aufs feinste.
Die <u>Betty</u> – kaum zu <u>glauben</u> –
dressiert <u>zwei</u> Turtel<u>tauben</u>.
<u>Elfriede</u> gar, die (<u>Z</u>)<u>Lange</u>,
fängt <u>Fliegen</u> mit der <u>Zange</u>.

Seite 68

Ein Bandwurmwort, das viel länger ist:
FUSSBALLWELTMEISTER-
SCHAFTSSPIELEINTRITTS-
KARTENVERKAUFSSTELLEN-
LEITERSGATTIN.

Seite 69

Kissenschlachtnacht
Seid sacht
bei der Kissenschlacht
um Mitternacht!
Gebt acht,
daß keiner lacht,
daß nichts zerkracht,
daß niemand erwacht!
Ihr spracht
mit Bedacht?
Gut gemacht!
Sonst setzt's eine Tracht *
nach der Kissenschlachtnacht.
* „Es setzt eine Tracht"
bedeutet „es gibt Prügel".

Seite 70

Die Fragen und Antworten passen so zusammen: 1–h, 2–e, 3–d, 4–c, 5–a, 6–f, 7–b, 8–g.

Lösungshilfen

Seite 72
Die sieben Leute sind:
Erbauer, Erpresser, Erfinder
Erhalter, Ernährer, Erzähler
und Erzieher.

Seite 75
In das leere „magische
Quadrat" kannst du folgende
Wörter eintragen: 1. ROSE –
ODER – SEEN – ERNA,
2. KRAN – RUNE – ANIS –
NEST, 3. GRAT – REBE –
ABEL – TELL.
Die vorgegebenen Wörter sind
jeweils so zu ordnen:
1. SAGE – ADER – GELD –
ERDE, 2. KILO – ISAR –
LAST – ORTE.

Seite 77
Das erste Beispiel lautet: Was
ist, wenn Fliegen fliegen?
Wenn Fliegen fliegen, fliegen
Fliegen.
Die anderen Sätze findest du
sicher alleine.

Seite 78
In der ersten Schlange stehen
16 zweisilbige Wörter
Schlange, in der zweiten 13, in
der dritten auch 13 und in der
vierten 11. Bei den Fröschen
findest du noch 7 zweisilbige
Wörter.

Seite 79
Die bekannten Sachen sind:
Pinsel, Flocke, Bengel, Beule,
Nacht, Rente, Sturm, Reis,
Waffe, Herde, Lauge, Mast.

Seite 80
Den guten Magen brauchst du,
um folgendes „essen" zu
können: Pferdeäpfel, Lorbär
(hier steckt der
Rechtschreibfehler, richtig ist
Lorbeer), Glühbirnen, Fußpilz,
Ohrmuschel, Maschinenöl,
Knochenmehl, Kopfnuß,
Knallerbsen, Kontaktlinsen,
Lesefrüchte.

~~Bücher~~ Lesetips für ~~Lese~~ Büchernarren

Lesetips für Büchernarren oder Büchertips für Lesenarren? Ganz gleich, wie die Überschrift gelesen wird. Auf den folgenden sieben Seiten stehen jedenfalls Hinweise auf neuere Bücher, die für alle Kinder lesenswert sind. Warum? Weil sie Geschichten enthalten, die spannend sind oder lustig, oder solche, die nachdenklich machen und über die geredet werden sollte. Weil sie – die Bücher – fast ausnahmslos ohne Schwierigkeiten von Kindern, die so um die acht Jahre jung sind, gelesen werden können. Und weil für jeden Lesegeschmack etwas dabei ist: Erzählungen, Nachschlagewerke, Sammelbände, Beschäftigungs- und Sachbücher.

Viele verschiedene Textarten lernt kennen, wer sich alle 21 Bücher einmal – zum Beispiel in einer Bücherei – anschaut und vielleicht sogar durchschmökert: das Rätsel und den Witz, das Märchen und die Legende, den Bericht und die Parabel, die Ballade und das Kindergedicht, den Lexikonartikel, die Phantasie- und die Tiererzählung ...

Heutzutage schreiben viele begabte Autorinnen und Autoren für Kinder. Alle können in der folgenden, schon vom Platz her beschränkten Auswahl leider nicht vertreten sein. Hand aufs Herz: Auf die Bücher von Astrid Lindgren, Otfried Preußler oder Erich Kästner braucht gar nicht erst eigens hingewiesen zu werden; die kennt ja jedes Kind.

Mit den 7 mal 3 ausgewählten Büchern, alphabetisch nach den Autorennamen geordnet, sollen Lesekinder aufs Bücherlesen Appetit bekommen. Und sie sollen Lust kriegen, sich nach noch viel mehr schönen, spannenden, lustigen, traurigen Geschichten und nach recht vielen weiteren unterhaltsam und pfiffig verfaßten Sachbüchern umzusehen. Übrigens: In jeder guten Buchhandlung ist das möglich.

... ein wunderbares Lesezeichen!

Büchertips

Max Bolliger:
Mein erstes Vorlesebuch der schönsten Legenden
Illustrationen: Frantisek Chocola
125 Seiten, Ravensburger Buchverlag, Ravensburg 1990

Der Schweizer Dichter Max Bolliger hat eine Auswahl aus den vielen bekannten Heiligenlegenden getroffen und sie auf eine ganz neue Weise erzählt. Er sieht die Heiligen als „Individuen, Menschen wie du und ich" und hat sich ihrer Geschichten mit großer Sorgfalt angenommen. Die Abfolge der 26 neu erzählten Legenden entspricht dem Jahreskalender. Max Bolliger bietet zunächst einleitende Informationen zu dem Festtag, der mit der jeweiligen Heiligenfigur verbunden ist. Dann folgt die eigentliche Geschichte in schöner, klarer Sprache. Abschließend steht eine kurze Nachbemerkung. Durch diese Gliederung wurden Hintergrundinformationen eingearbeitet, ohne den Fluß der Geschichte und die Freude am Erzählten zu stören.

Margaret Clark/Charlotte Voake:
Löwe, Hase & Co.
27 Geschichten aus dem Reich der Fabeln
neu erzählt von Tilde Michels
61 Seiten, Ellermann Verlag,
München 1991

Was Fabeln – Tiergeschichten zumeist – wollen? Sie halten dem Menschen einen Spiegel vor und zeigen ihm: Schau, so bist du! So direkt wagt oft keiner dem anderen ins Gesicht zu sagen, wie er ist. Aber in eine Tiergeschichte gekleidet geht das leichter. Das wußte schon der griechische Sklave Aesop, auf den die meisten Fabeln zurückgehen. Und der lebte im sechsten Jahrhundert vor Christus. Keine Angst, diese 27 Fabeln – mit witzigen Federzeichnungen illustriert – sind alle so geschrieben, daß sie auch ein Mensch von heute versteht. Man muß nur ein bißchen Grips haben und die Geschichten über Füchse, Löwen, Hasen & Co. auf Hans, Karl und Tina übertragen.

Drum kannst du fröhlich sein.
Wie schön es ist, mit Gott zu leben, erfahren Lesekinder in Geschichten, Gedichten und Gebeten
Hg. von Hans Gärtner
Illustrationen: Paul König
152 Seiten, Echter Verlag, Würzburg 1989

Gott, der erlösende und gute Gott, gehört in das Leben eines jeden Menschen. Denn jeder Mensch hat dieses Leben aus der Hand seines Schöpfers erhalten und damit eine Chance und eine Aufgabe zugleich bekommen. In den meist kurzen Texten dieses Sammelbandes tritt Gott – der biblische ebenso wie der sich in Kirche, Schule und Alltag zeigende – immer wieder auf. Er soll in das Bewußtsein aller jungen Leserinnen und Leser treten. So spüren sie, wie schön es ist, mit ihm zu leben. Viele bekannte Autorinnen und Autoren sowie der Maler Paul König haben zu diesem besonderen Lese- und Vorlese-Erlebnis beigetragen.

Büchertips

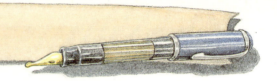

**The Earthworks Group:
Kinder machen 50 starke Sachen,
damit die Umwelt nicht umfällt**
Deutsche Bearbeitung: Burkhard Bartos
Illustrationen: Birgit Thoenes
158 Seiten, Carlsen Verlag, Hamburg 1991
und Deutscher Taschenbuch Verlag,
München 1993

Dieses Buch macht Kindern klar, daß Umweltschutz nicht nur ein Thema für Erwachsene ist. Im Vorwort schreibt John Javna: „Ich glaube, viele Kinder wissen gar nicht, was sie für die Umwelt tun können. Sie denken, sie seien machtlos. Stimmt aber nicht. Kinder haben eine Menge Macht..." Dieses Buch gibt Beispiele, wie ihr mithelfen könnt, unseren Planeten Erde zu schützen. Eine Menge davon macht Spaß. Und auch ein bißchen Arbeit ... Die in kleinen Portionen vermittelten Informationen sind für Kinder verständlich geschrieben. Jetzt gibt es die Ausrede „Ich hab' das ja alles nicht gewußt" nicht mehr! Und damit das Buch auch selbst zum Umweltschutz beiträgt, ist es auf chlorfreiem Papier gedruckt.

**Hans Gärtner:
Leselöwen Scherzfragen**
Illustrationen: Dagmar Geisler
59 Seiten, Loewes Verlag, Bindlach 1989

Es gibt wohl kein Kind, das nicht gerne Scherzfragen stellt. Zum Beispiel: „Welches Tier geht im Hemd spazieren?" (der Floh) oder „Was ist beim Riesen groß und beim Zwerg klein?" (der Buchstabe r). Solche scherzhaft gestellten Fragen regen zum Nachdenken, aber auch zum Querdenken an und lassen Freude an der Sprache – vor allem an der gesprochenen Sprache – aufkommen. Dieses Buch ist eine Sammlung von mehr als 200 alten und ganz neuen Scherzfragen. Sie sind in kleine Kapitel eingeteilt und mit vielen lustigen Zeichnungen illustriert.

**Jane Goodall:
Mein Leben mit den Schimpansen**
Mit Fotos
Übersetzung: Marion Schweizer
128 Seiten, Rowohlt Taschenbuch Verlag,
Reinbek 1991

Als die weltbekannte Tierforscherin Jane Goodall etwa neun Jahre alt war, wußte sie schon, daß sie „irgendwie nach Afrika" und dort „auf irgendeine Weise mit Tieren arbeiten" wollte. In diesem Taschenbuch erzählt sie, was es bedeutet, ein Leben bei den Schimpansen und für die Schimpansen zu verbringen. Mit 26 Jahren ist sie nach Tansania gegangen und hat dort das Verhalten dieser Affen in freier Natur erforscht. Ihre wissenschaftlichen Arbeiten werden in aller Welt bestaunt und anerkannt. Das von Dr. Jane Goodall gegründete Forschungszentrum in Gombe war nur der Anfang ihrer erfolgreichen Tätigkeit für die Wissenschaft.

Büchertips

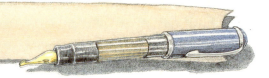

Uwe Timm:
Rennschwein Rudi Rüssel
Illustrationen: Gunnar Matysiak
155 Seiten, Verlag Nagel & Kimche,
Zürich und Frauenfeld 1989
und Deutscher Taschenbuch Verlag, München 1993

Wie ist das, wenn auf einem Dorffest ein kleines Mädchen aus heiterem Himmel ein lebendiges Ferkel bei einer Verlosung gewinnt? Und wenn das Ferkel tatsächlich in die Wohnung einer vierköpfigen Familie aufgenommen wird (Vater: arbeitsloser Hieroglyphen-Spezialist, Mutter: Lehrerin, Kinder: Schüler)? Zuppis Familie ist bald geschafft von dem Schweinchen. Doch sie können das Tier nicht abgeben, höchstens leihweise für kurze Zeit einmal an einen Bauern ... – Eine turbulente Geschichte mit vielen lustigen Episoden. Der Kinderroman wurde auch verfilmt.

Karin von Welck:
Sterndeuter und Freiheitskämpfer
Über Maya und Azteken und wie es heute in Mittelamerika aussieht
Illustrationen: Gabriele Hafermaas
88 Seiten, Ravensburger Buchverlag, Ravensburg 1990

Es ist bereits ein halbes Jahrtausend her, daß Christoph Kolumbus Amerika entdeckt hat. Doch nicht die Europäer waren die ersten Bewohner Amerikas – die Indianer waren längst dort und haben eine großartige, bis heute in Restbeständen erhaltene Kultur entwickelt. Davon erzählt dieses Buch. In gut leserlicher Schrift ist es gedruckt und mit vielen farbigen Bildern ausgestattet, die nach Originalvorlagen gefertigt wurden und die Erzählungen mit Leben erfüllen. – Wer nach Mittelamerika, zum Beispiel nach Mexiko, reist, der sollte vorher dieses Buch über die Maya und Azteken gelesen haben. Er wird staunen, was die Europäer früher alles falsch gemacht haben.

Ursula Wölfel:
Das Lachkind und 99 andere ausgewählte Geschichten
Illustrationen: Bettina Wölfel
239 Seiten, Hoch Verlag
Stuttgart und Wien 1990

Viele Geschichten hat die Schriftstellerin Ursula Wölfel in ihrem langen Leben geschrieben und in zahlreichen Büchern veröffentlicht, zum Beispiel die „Lachgeschichten", „Warum-Geschichten" oder die „Geschichten von Tante Mila". Zum 65. Geburtstag der bekannten Autorin des berühmten Buches „Die grauen und die grünen Felder" wurde dieser Sammelband mit Geschichten herausgebracht. Farbige Zeichnungen der Tochter der Autorin schmücken den stattlichen Band. Alle Geschichten sind groß gedruckt und so kurz, daß man sie in wenigen Minuten lesen oder vorlesen kann. Sie handeln von aufgeweckten Kindern, schrulligen Erwachsenen, lustigen Begebenheiten, vom Spielen, von Tieren und vielem mehr.

Büchertips

Josef Guggenmos:
Oh, Verzeihung, sagte die Ameise
Ein Kinderbuch mit Bildern von
Nikolaus Heidelbach
217 Seiten, Beltz und Gelberg
Weinheim und Basel 1990

In die Zauberwelt des Dichters Josef Guggenmos wird nur eingelassen, wer nicht alles vernünftig erklärt haben will. Guggenmos nimmt den Leser oder Zuhörer seiner Gedichte und Erzählungen, Rätsel und Sprachspielereien ganz behutsam bei der Hand, als ob er sagen wolle: „Nun laß dir mal etwas Phantastisches zeigen!" Die Figuren und Tiere, die in den Geschichten auftauchen, existieren nicht in Wirklichkeit, erinnern aber an Bekannte, an Nette oder an Gefährliche, an Gesellige oder an Sonderlinge. Was in Guggenmos' Texten geschieht, hat immer eine Lebenswahrheit im Kern.

Peter Härtling: Oma
Die Geschichte von Kalle, der seine Eltern verliert und von seiner Großmutter aufgenommen wird
Illustrationen: Peter Knorr
91 Seiten, Beltz und Gelberg,
Weinheim und Basel 1991

Im Jahre 1975 ist „Oma" zuerst erschienen. Dieses wunderschöne Buch über das Zusammenleben eines kleinen Jungen mit seiner Oma hat mehrere Auszeichnungen erhalten. Mit neuen Illustrationen ist es vom Verlag 1991 auch als Taschenbuch herausgebracht worden. Dieses Buch gehört zu den meistgelesenen und besten realistischen Kindergeschichten unserer Zeit. Es zeigt uns: So leicht ist das Miteinander-Auskommen zweier unterschiedlich alter Menschen gar nicht! Ob Oma alles richtig macht mit Kalle? Oft hat sie Bedenken. Und Kalle? Er zeigt, daß seine Oma sich auf ihn verlassen kann, als sie krank wird.

Dimiter Inkiow:
Mein Opa, sein Esel und ich
Illustrationen: Rolf Rettich
155 Seiten, Erika Klopp Verlag, Berlin und München 1990

Der in Bulgarien geborene und dort aufgewachsene Autor ist von Haus aus Regisseur. Schon in seiner Heimat begann er zu schreiben, und seit 1965 ist das Schreiben von Kinderbüchern sein Hauptberuf. Er wohnt in München und ist durch seine Geschichten von Klara wohl jedem Kind ein Begriff. In diesem mit humorvollen Zeichnungen ausgestatteten Buch erzählt er von seiner Kindheit im bäuerlichen Bulgarien vor etwa einem halben Jahrhundert. In einer großen Familie mit Tieren und vielen Freunden ist Dimiter auf dem Bauernhof seiner Eltern und Großeltern aufgewachsen. Seine Gabe, Geschichten zu erzählen, läßt diese Zeit für Dimiter Inkiows Leser lebendig werden.

Büchertips

Der Kinder Brockhaus in vier Bänden
Bearbeitet von Marcus Würmli
648 Seiten, F. A. Brockhaus, Mannheim 1992

Ein Lexikon gehört in jedes Kinderzimmer. So ein Nachschlagewerk ist unerschöpflich. Man kann sich von einem Stichwort zum anderen lesen und merkt gar nicht, wie die Zeit dabei vergeht – und wieviel man gelernt hat. Viele Spielanleitungen und Experimente regen zum Mit- und Selbermachen an. „Der Kinder Brockhaus" enthält über 1 100 Stichwörter von A bis Z. Fast jedes Stichwort wird durch ein Bild veranschaulicht. 19 Doppelseiten – z.B. über Dinosaurier und Flugzeuge – zeigen Wissenswertes auf einen Blick. Ein Register mit 7 500 Suchbegriffen erleichtert das Nachschlagen.

Thor Larsen:
Das Eisbären-Kinder-Buch
Übersetzung: Sybille Kalas
Mit zahlreichen Farbfotos des Autors
48 Seiten, Verlag Neugebauer Press,
München und Salzburg 1990

Thor Larsen kennt sich aus im nördlichen Polargebiet. Dort arbeitet er als Forscher und Fotograf. In dieser Region wohnen die Eisbären. Es sind die größten Landraubtiere der Erde. Inmitten von Eis und Schnee rund um den Nordpol leben sie. Doch wie wachsen Eisbärenkinder heran? Wie werden sie geboren? Und wie zieht sie die Eisbärenmutter auf? Wer kann sich das schon vorstellen, der noch nie die eisigen Winde über den gefrorenen Boden hat fegen sehen und die unglaubliche Kälte spüren konnte? Kaum ein Mensch hat zum Beispiel je miterlebt, wie Eisbärenkinder in einer Schneehöhle zur Welt gebracht werden. Thor Larsen weiß über all das Bescheid. Sein Bericht mit den zauberhaften Fotos ist ein Leseerlebnis.

Lene Mayer-Skumanz:
... wenn du meinst, lieber Gott
Geschichten für Aufgeweckte
Illustrationen: Christina Oppermann-Dimow
78 Seiten, Verlag St. Gabriel, Mödling 1987

Von einem Buben ist die Rede, der Xaverl heißt und einen Gesprächspartner hat, der außergewöhnlich ist. Er ist nämlich nicht von dieser Welt, hat sie aber geschaffen. Richtig geraten: Es ist der liebe Gott persönlich. Wie Xaverl mit ihm auf verschiedene Art und über ganz Alltägliches redet – das ist umwerfend. Komisch, ja. Aber auch – das merkt man am Schluß der liebevollen Geschichten – etwas Selbstverständliches. Ob Xaverl sich über etwas wundert, ob er Ärger oder Probleme hat – der liebe Gott wird meistens um Rat gefragt und sagt dann immer, was er dazu meint. Eine Stimme also, die Xaverl in sich tief drinnen trägt. Man mag sie Gewissen nennen oder anders ...

Büchertips

Christine Nöstlinger:
Allerhand vom Franz
Illustrationen: Erhard Dietl
112 Seiten, Oetinger Verlag, Hamburg 1991

Einen besonderen Genuß verspricht dieses Buch. Es ist eine Jubiläumsausgabe: Seit 20 Jahren veröffentlicht die österreichische Autorin Christine Nöstlinger Kinderbücher im Oetinger Verlag, Hamburg. Unter anderem auch – in der beliebten Buchreihe „Sonne, Mond und Sterne" – die Geschichten vom Franz. In diesem Buch sind nun alle, die bisher erschienen sind, beisammen: die Schul-, Ferien-, Kranken- und Liebesgeschichten des unmöglichen Buben, der leicht mit einem Mädchen verwechselt wird und sich schon allein deswegen oft ärgern muß. Was er mit Tante Olli, seiner Freundin Gabi und seiner gestreßten Mutter alles erlebt, ist zum Kugeln – wie alles, was vom Franz bisher bekannt wurde.

Otfried Preußler:
Die Abenteuer des starken Wanja
Illustrationen: Herbert Holzing
187 Seiten, Deutscher Taschenbuch Verlag
München 1991

Schon Ende der sechziger Jahre hatte der berühmte Erfinder des „Räuber Hotzenplotz", der „Kleinen Hexe" oder des „Kleinen Wassermannes" Erfolg mit dem märchenhaften Buch über den starken Wanja. 1991 ist es als Taschenbuch mit den Zeichnungen von Herbert Holzing wieder erschienen. – Wanja muß drei Gefahren überwinden, bevor er die Hand der Zarentochter gewinnen kann: den Dämon „Och", ein böses Ungeheuer, muß er besiegen, der Hexe „Baba Jaga" Herr werden und den Kampf mit dem „Steinernen Ritter Foma Drachensohn" gewinnen. Wer möchte da nicht dabei sein? – Lesern ist es möglich, sich in ferne Zeiten und märchenhafte Räume zu begeben.

Die Schildbürger
Nacherzählt von Dirk Walbrecker
Illustrationen: Doris Eisenburger
95 Seiten, Annette Betz Verlag,
Wien und München 1991

Das seit Jahrhunderten bekannte Volksbuch erzählt von Bürgern eines Städtchens Schilda, das im Land Utopia liegt. Die Menschen dort müssen recht einfältig gewesen sein! Obwohl die Herren von Schilda an den Höfen der Könige und Fürsten aller Länder als Berater tätig sind, machen sie daheim alles falsch, was nur falsch zu machen ist! Sie bauen ein dreieckiges Rathaus, vergessen dabei Fenster einzuplanen und wollen nun in Säcken und Kübeln und Körben und mit der hohlen Hand das Licht einfangen, um ihr Rathaus zu erhellen. Ein köstliches Buch von den Schildbürgerstreichen mit vielen bunten Bildern zum Lachen.

Büchertips

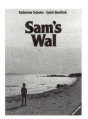

Katherine Scholes:
Sam's Wal
Illustrationen: Quint Buchholz
Übersetzung: Ulli und Herbert Günther
63 Seiten, Ravensburger Buchverlag,
Ravensburg 1990

Sam findet bei einem Spaziergang am Strand einen Zwergpottwal. Er ist gestrandet und wird nicht mehr lange am Leben bleiben, wenn ihm niemand in seinen Lebensbereich, das Wasser, zurückhilft. Wieviel Mut muß Sam aufbringen, um das Tier vor den Fischern zu schützen, die sich eine Jagdbeute erhoffen! Sam gelingt es, den Wal vor ihnen und vor der sengenden Sonne zu retten. Schließlich kommt dann doch die Hilfe noch rechtzeitig. Kaum zehn Jahre alt ist Sam. Er ist stark, voller Mut und Phantasie. Und er tut etwas Ungewöhnliches, um Leben zu erhalten. Das können sich die Leser dieses spannenden und zugleich feinfühlig geschriebenen Romans gar nicht oft genug vor Augen halten.

Christa Spangenberg:
ABC für kleine Gärtner
Mit Tips und Tricks durchs Balkon- und Gartenjahr
Illustrationen: Marlene Gemke
88 Seiten, mit beigelegtem Pflanzkalender,
Ellermann Verlag, München 1991

Das ist ein Buch zum Nachschlagen für alle, die Hobby-Gärtner werden wollen. Die Liebe zu allem, was wächst und gedeiht, ob in Garten oder Flur, auf dem Balkon oder in den Blumentöpfen, bringen solche Leserinnen und Leser ja schon mit. Hier finden sie aber alles Wissenswerte in übersichtlicher Zusammenstellung und von einer leidenschaftlichen Gärtnerin sachkundig erläutert. „Mit dem Pflanzkalender durchs Jahr" (er ist als bunter, großer Schaubogen dem Buch beigelegt) kann nun wirklich nichts mehr schiefgehen, was das Pflanzen und Säen – aber auch das Ernten und Sich-Freuen an allem, was blüht – anbetrifft. Ein gutes und nützliches Buch!

Viveca Sundvall:
Mimi und der Millionärsklub
Übersetzung: Angelika Kutsch
160 Seiten, Oetinger Verlag, Hamburg 1991

Mimi ist nach acht Büchern ihrer großartigen Erfinderin, einer Schwedin, inzwischen acht Jahre alt. Wir kennen sie, seit sie „das Monster im Schrank" entdeckte, „in der ersten Klasse" saß, mit ihrer Freundin Roberta einen König entdeckte, mit ihr zusammen das Tagebuchschreiben begann, und wir haben Mimi als ein zupackendes, offenes und unkompliziertes Mädchen ins Herz geschlossen. Steinreich wollen Mimi, Arne und Eddie nun werden. Doch sie müssen erfahren, daß eigenes Können im Leben interessanter ist als Reichtum. Viveca Sundvall ist eine Schriftstellerin, die Kinder im Grundschulalter gut kennt und witzig erzählen kann.

Was alles sein kann, wenn du liest

Wenn du liest, kann es sein, daß...

...es dir eiskalt den Rücken herunterläuft.   ...du aus dem Staunen nicht mehr herauskommst.

... dir Hören und Sehen vergeht.

... du dich halbtot lachst.

... dir das Wasser im Mund zusammenläuft.

... dir die Luft wegbleibt.

... du eine Gänsehaut kriegst.

... du dir...  ...vorkommst wie im siebten Himmel.

Das sind keine Sprüche.
Das ist wahr.
Oder etwa nicht?
Denk mal nach: Was wäre ein Leben ohne Lesen?
Nichts wär's.